Name _____ Score _____

ONE

1 uno

_____

uno - - - - - - - - - - - - - -

_____

- - - - - - - - - - - - - - - -

_____

◯ Excellent   ◯ Very Good   ◯ Good

Name _____   Score _____

THREE

3
tres

tres

○ Excellent   ○ Very Good   ○ Good

Name _____ Score _____

FOUR

4
cuatro

cuatro

○ Excellent ○ Very Good ○ Good

Name _____ Score _____

FIVE

_____

cinco

_ _ _ _ _ _ _ _ _ _ _ _ _

_____

○ Excellent ○ Very Good ○ Good

Name _____ Score _____

SEVEN

7
siete

siete

○ Excellent   ○ Very Good   ○ Good

Name _____ Score _____

EIGHT

8
ocho

ocho

○ Excellent ○ Very Good ○ Good

Name _____ Score _____

NINE

nueve

_____

nueve
- -
_____
- -
_____

◯ Excellent   ◯ Very Good   ◯ Good

Name _____ Score _____

TEN

10
diez

diez _ _ _ _ _ _ _ _ _ _ _ _ _ _ _

_ _ _ _ _ _ _ _ _ _ _ _ _ _ _ _ _ _

○ Excellent   ○ Very Good   ○ Good

Name _____ Score _____

Ah

--- A ---------------------------------

_____

- - - - - - - - - - - - - - - - - - - -

_____

◯ Excellent   ◯ Very Good   ◯ Good

Name _____ Score _____

Beh

_____

- - B - - - - - - - - - - - - - - - -

_____

- - - - - - - - - - - - - - - - - - -

_____

◯ Excellent   ◯ Very Good   ◯ Good

Name _____ Score _____

Cc

○ Excellent ○ Very Good ○ Good

Name _____ Score _____

Che

○ Excellent   ○ Very Good   ○ Good

Name _____ Score _____

Deh

------D------------------------------------

○ Excellent   ○ Very Good   ○ Good

Name _____ Score _____

Eh

◯ Excellent   ◯ Very Good   ◯ Good

Name _____ Score _____

Efe

- -

- -

◯ Excellent ◯ Very Good ◯ Good

Name _____ Score _____

Heh

- -

- -

◯ Excellent   ◯ Very Good   ◯ Good

Name _____ Score _____

EE

◯ Excellent   ◯ Very Good   ◯ Good

Name _____ Score _____

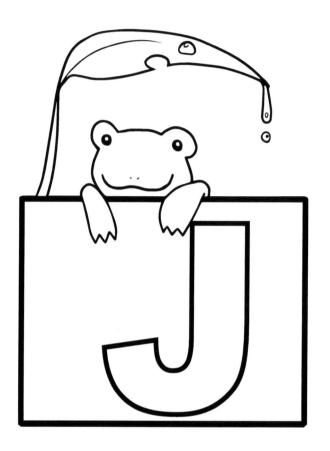

Hota

○ Excellent   ○ Very Good   ○ Good

Name _____ Score _____

Kah

---------- K ----------

---------- ----------

---------- ----------

---------- ----------

○ Excellent ○ Very Good ○ Good

Name _____ Score _____

El-ay

- -

- -

◯ Excellent ◯ Very Good ◯ Good

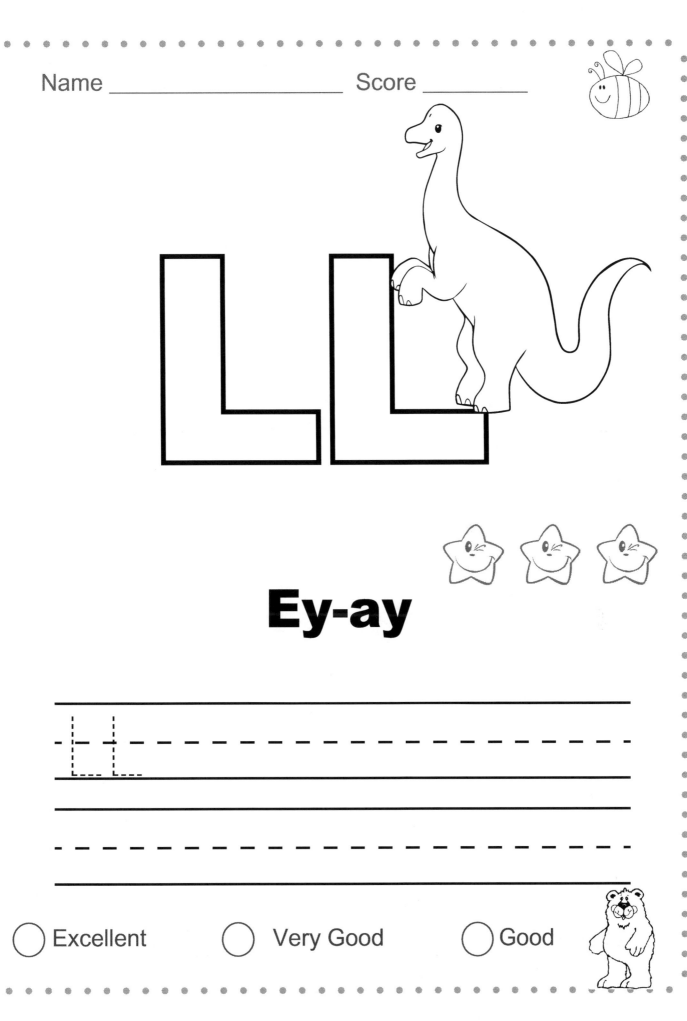

Name _____ Score _____

Em-ay

M

 Excellent  Very Good  Good

Name _____ Score _____

En-ay

N - - - - - - - - - - - - - - - -

○ Excellent ○ Very Good ○ Good

Name _____ Score _____

En-yay

_____
  Ñ
_____

_____

○ Excellent   ○ Very Good   ○ Good

Name _____ Score _____

⭐⭐⭐ **Oh**

○ Excellent   ○ Very Good   ○ Good

Name _____ Score _____

Peh

○ Excellent   ○ Very Good   ○ Good

Name _____ Score _____

Q

Cu

○ Excellent   ○ Very Good   ○ Good

Name _____ Score _____

Er-ay

R ------------------------------

- - - - - - - - - - - - - - - -

_____

 Excellent    Very Good    Good

Name _____ Score _____

ERR-ay

R R - - - - - - - - - - - - - - -

○ Excellent   ○ Very Good   ○ Good

Name _____ Score _____

Es-ay

_S_ _

_ _

○ Excellent   ○ Very Good   ○ Good

Name _____ Score _____

Teh

○ Excellent   ○ Very Good   ○ Good

Name _____ Score _____

Ooh

U -
- -
- -

○ Excellent   ○ Very Good   ○ Good

Name _____ Score _____

Veh

- Excellent
- Very Good
- Good

Name _____ Score _____

Doble-Veh

◯ Excellent   ◯ Very Good   ◯ Good

Name _____ Score _____

X

Equis

◯ Excellent ◯ Very Good ◯ Good

Name _____   Score _____

Y

Igriega

O Excellent   O Very Good   O Good

Name _____ Score _____

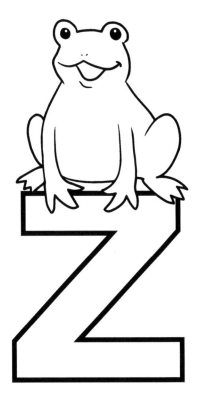

Zeta

○ Excellent   ○ Very Good   ○ Good

Name _____ Score _____

PINK

Color the word and the pencil below in pink.

rosado

rosado

 Excellent    Very Good    Good

Name _____ Score _____

BROWN

Color the word and the pencil below in brown.

_____

marrón

_____

- -

_____

○ Excellent   ○ Very Good   ○ Good

Name _____ Score _____

GRAY

Color the word and the pencil below in gray.

gris

gris

○ Excellent   ○ Very Good   ○ Good

Name _____ Score _____

Color the word and the pencil below in green.

_____

- -

_____

- -

_____

◯ Excellent   ◯ Very Good   ◯ Good

Name _____ Score _____

ORANGE

Color the word and the pencil below in orange.

anaranjado

anaranjado

◯ Excellent   ◯ Very Good   ◯ Good

Name _____ Score _____

YELLOW

Color the word and the pencil below in yellow.

amarillo

◯ Excellent   ◯ Very Good   ◯ Good

Name _____ Score _____

WHITE

Color the word and the pencil below in white.

blanco

blanco

○ Excellent ○ Very Good ○ Good

Name _____ Score _____

RED

Color the word and the pencil below in red.

rojo

rojo

○ Excellent   ○ Very Good   ○ Good

Name _____ Score _____

PURPLE

Color the word and the pencil below in purple.

morado

morado

◯ Excellent   ◯ Very Good   ◯ Good

Name _____ Score _____

BLUE

Color the word and the pencil below in blue.

azul

azul

○ Excellent   ○ Very Good   ○ Good

Name _____   Score _____

BEAR   BEAR   BEAR   BEAR

el oso

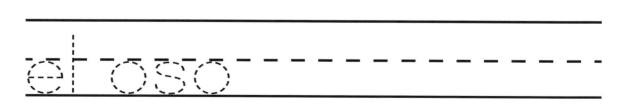

Name _____ Score _____

BIRD   BIRD   BIRD   BIRD

el pájaro

el pájaro

Name _____   Score _____

BUTTERFLY   BUTTERFLY

la mariposa

la mariposa

Name _____ Score _____

CAT   CAT   CAT   CAT   CAT

el gato

Name _____ Score _____

CHICKEN   CHICKEN   CHICKEN

el pollo

el pollo

Name _____ Score _____

cow   cow   cow   cow

la vaca

la vaca

Name _____ Score _____

DOG   DOG   DOG   DOG

el perro

el perro

Name _____ Score _____

ELEPHANT   ELEPHANT

el elefante

el elefante

Name _____ Score _____

FISH   FISH   FISH   FISH

el pez

el pez

Name _____   Score _____

FOX   FOX   FOX   FOX   FOX

el zorro

el zorro

Name _____   Score _____

FROG   FROG   FROG   FROG

la rana

la rana

Name _____ Score _____

HORSE   HORSE   HORSE

el caballo

el caballo

Name _____ Score _____

LION   LION   LION   LION

el león

el león

Name _____ Score _____

LIZARD LIZARD LIZARD

el lagarto

el lagarto

Name _____   Score _____

OWL   OWL   OWL   OWL

el búho

Name _____   Score _____

PIG   PIG   PIG   PIG   PIG

el cerdo

el cerdo

Name _____   Score _____

RABBIT   RABBIT   RABBIT

el conejo

Name _____   Score _____

Name _____ Score _____

SEAL   SEAL   SEAL   SEAL

la foca

Name _____ Score _____

SHEEP   SHEEP   SHEEP

la oveja

la oveja

Name _____ Score _____

SNAKE   SNAKE   SNAKE

la serpiente

la serpiente

Name _____ Score _____

ARM   ARM   ARM   ARM   ARM

el brazo
(arm)

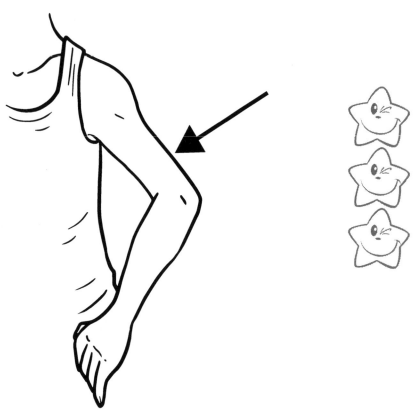

el brazo

el brazo

Name _____ Score _____

EAR EAR EAR EAR EAR

la oreja
(ear)

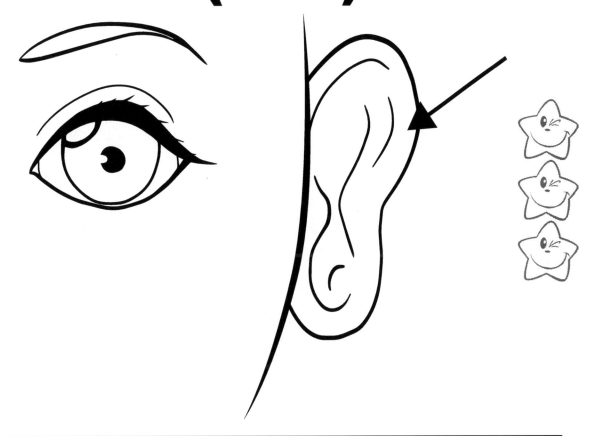

la oreja

la oreja

Name _____ Score _____

EYE   EYE   EYE   EYE   EYE

el ojo
(eye)

el ojo

el ojo

Name _____ Score _____

FACE   FACE   FACE   FACE

la cara
(face)

la cara

la cara

Name _____ Score _____

FOOT   FOOT   FOOT   FOOT

el pie
(foot)

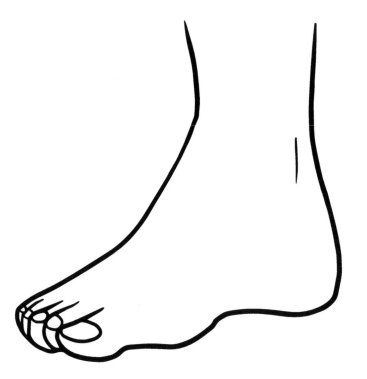

el pie

el pie

Name _____   Score _____

HAND   HAND   HAND   HAND

la mano
(hand)

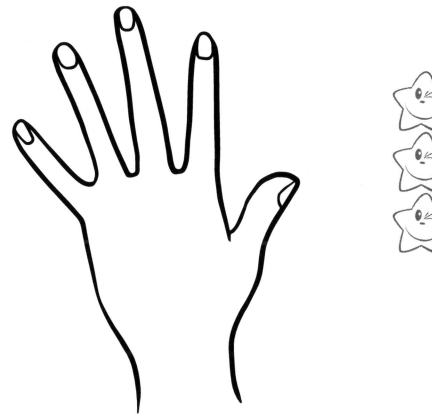

la mano

la mano

Name _____ Score _____

HEAD   HEAD   HEAD   HEAD

la cabeza
(head)

la cabeza

la cabeza

Name _____ Score _____

LEG   LEG   LEG   LEG   LEG

la pierna
(leg)

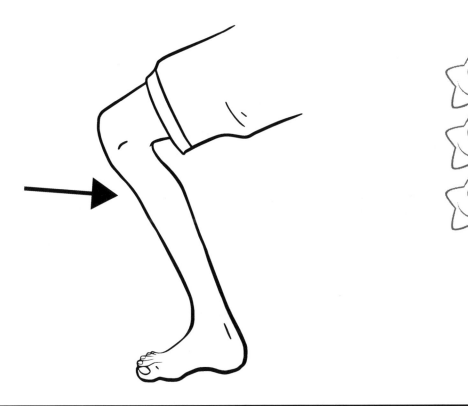

la pierna

la pierna

Name _____ Score _____

MOUTH   MOUTH   MOUTH

la boca
(mouth)

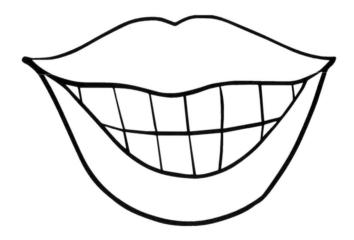

la boca

la boca

Name _____ Score _____

NOSE   NOSE   NOSE   NOSE

la nariz
(nose)

la nariz

la nariz

Name _____ Score _____

Name _____ Score _____

MONDAY   TUESDAY   WEDNESDAY

el lunes (Monday)

el lunes

el lunes

el martes (Tuesday)

el martes

el martes

el miércoles (Wednesday)

el miércoles

el miércoles

Name _____ Score _____

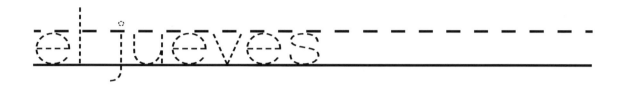

el jueves (Thursday)

---
el jueves ----------

---
el jueves ----------
---

el viernes (Friday)

---
el viernes ----------

---
el viernes ----------

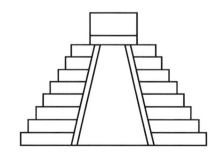

Name _____ Score _____

SATURDAY SUNDAY

el sábado (Saturday)

el sábado

el sábado

el domingo (Sunday)

el domingo

el domingo

Name _____   Score _____

BROTHER BROTHER BROTHER

el hermano
(brother)

el hermano

el hermano

Name _____ Score _____

FATHER FATHER FATHER

el padre
(father)

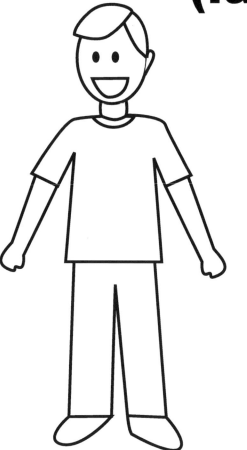

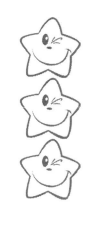

el padre

el padre

Name _____ Score _____

GRANDFATHER

el abuelo
(grandfather)

el abuelo

el abuelo

Name _____ Score _____

GRANDMOTHER

la abuela
(grandmother)

la abuela

la abuela

Name _____ Score _____

Name _____ Score _____

MOTHER MOTHER MOTHER

la madre
(mother)

la madre

la madre

Name _____ Score _____

SISTER   SISTER   SISTER

la hermana
(sister)

la hermana

la hermana

Name _____ Score _____

ANGRY   ANGRY   ANGRY

enojado
(angry)

enojado

enojado

Name _____ Score _____

Name _____ Score _____

HAPPY   HAPPY   HAPPY

feliz
(happy)

feliz

feliz

Name _____ Score _____

SAD   SAD   SAD   SAD

triste
(sad)

_____

triste

triste

Name _____ Score _____

SLEEPY   SLEEPY   SLEEPY

somnoliento
(sleepy)

somnoliento

somnoliento

Name _____ Score _____

BREAD   BREAD   BREAD

el pan
(bread)

el pan

el pan

Name _____ Score _____

Name _____ Score _____

JUICE   JUICE   JUICE

el zumo
(juice)

el zumo

el zumo

Name _____ Score _____

Name _____ Score _____

WATER   WATER   WATER

el agua
(water)

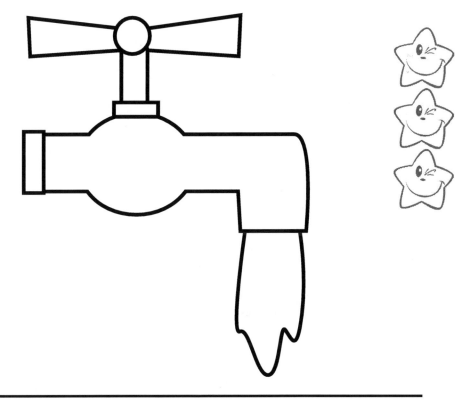

el agua

el agua

Name _____ Score _____

JANUARY   FEBRUARY   MARCH

enero (January)

enero

enero

febrero (February)

febrero

febrero

marzo (March)

marzo

marzo

Name _____ Score _____

APRIL   MAY   JUNE

abril (April)

abril

abril

mayo (May)

mayo

mayo

junio (June)

junio

junio

Name _____ Score _____

JULY   AUGUST   SEPTEMBER

julio (July)

julio

julio

agosto (August)

agosto

agosto

septiembre (September)

septiembre

septiembre

Name _____ Score _____

OCTOBER NOVEMBER DECEMBER

octubre (October)

octubre
octubre

noviembre (November)

noviembre
noviembre

diciembre (December)

diciembre
diciembre

Made in the USA
Las Vegas, NV
08 June 2022

49968143R00057